MARIANA FERRÃO

Os SUCOS da Mari

Consultoria
ANDREIA NAVES

Este livro segue as normas do novo ACORDO ORTOGRÁFICO

2ª impressão

PANDA BOOKS

Diretor editorial
Marcelo Duarte

Diretora comercial
Patty Pachas

Diretora de projetos especiais
Tatiana Fulas

Coordenadora editorial
Vanessa Sayuri Sawada

Assistentes editoriais
Juliana Silva
Mayara dos Santos Freitas

Assistentes de arte
Carolina Ferreira
Mario Kanegae

Projeto gráfico e capa
Carolina Ferreira

Fotos
Daiane da Mata
Paula Korosue

Locação das fotos pp. 35, 65, 76 e 98
Estúdio Carlota

Colaboração
Júlia Lopez

Agradecimento
Carla Pernambuco

Preparação
Marina Ruivo

Revisão
Ana Maria Barbosa

Impressão
RR Donnelley

CIP – BRASIL. CATALOGAÇÃO NA FONTE
SINDICATO NACIONAL DOS EDITORES DE LIVROS, RJ

Ferrão, Mariana
Os sucos da Mari / Mariana Ferrão. – 1. ed. – São Paulo: Pandas Books, 2014. 104 pp.

ISBN: 978-85-7888-383-6

1. Nutrição. I. Título.

14-16129 CDD: 613.2
CDU: 613.2

2015

Um selo da Editora Original Ltda.
Rua Henrique Schaumann, 286, cj. 41
05413-010 – São Paulo – SP
Tel./Fax: (11) 3088-8444
edoriginal@pandabooks.com.br
www.pandabooks.com.br
twitter.com/pandabooks
Visite também nossa página no Facebook.

Para a minha mãe, Bia (*in memorian*).
Para a minha vó Nininha (*in memorian*).

SUMÁRIO

Apresentação

Passei quase uma década sem tomar muito suco. Até que, em 2011, comecei a trabalhar no *Bem Estar* – o programa matinal da TV Globo sobre saúde. Lá, tive a oportunidade de conhecer muitos nutricionistas, inclusive a Andreia Naves. Além de também ser educadora física e apaixonada por alimentos, ela é uma das precursoras da nutrição funcional no Brasil. Sabe tudo sobre as propriedades de cada coisa que a gente come. Em 2012, ela participou de um *Bem Estar* sobre sucos e eu saí da tevê convencida a tentar algumas receitas.

Na mesma semana fiz o primeiro *post* do meu "suco do dia" no Instagram, no Twitter e no Facebook, com a legenda: "Divino: quinoa, morango, laranja, acerola e banana". Detalhe: eu não minto sobre o que achei das minhas misturebas. Mas, como gosto se discute, talvez o que te convença a experimentar seja a informação.

Se eu não acreditasse nisso, teria escolhido outra profissão, e não o jornalismo. E, para ser a alma do negócio, acho que informação tem que mexer com a vida das pessoas, fazer diferença no dia a dia. Tomar um suco talvez não faça grande diferença na sua rotina. Mas tomar um suco rico em antioxidantes pode fazer bem para a sua pele. Tomar um suco laxativo pode ajudar você a combater a prisão de ventre. Tomar um suco verde pode melhorar a sua taxa de hemoglobina no sangue.

Uma pele mais bonita, um intestino que funciona direitinho e um risco menor de anemia – isso faz diferença na vida de qualquer um! Foi essa a razão pela qual convidei a Andreia para me ajudar nesta empreitada. Eu invento as misturas, ela diz se serve para alguma coisa.

E se não servir para nada? Bom, aí tem que ser pelo menos gostoso. Afinal, o prazer é uma das grandes funções da alimentação. E sentir prazer faz bem e ponto. Por isso, eu e a Andreia testamos várias receitas e as submetemos ao jurado mais imparcial que pode existir: o paladar alheio. Convidamos algumas pessoas para experimentar os sucos. Elas deram palpite sobre tudo: consistência, cor, doçura (ou amargor), facilidade no preparo... Neste livro estão as receitas que elas mais gostaram! Não significa que você também vá gostar... Só dá para saber experimentando!

Os sucos da minha infância

PANO DE PRATO

Minhas primeiras lembranças são olfativas. Lembro até hoje do cheiro da minha naninha, do perfume da minha mãe, do cheiro do lençol da casa da minha avó. Com os sucos não é diferente: recorrer à memória para saber quando eles entraram na minha vida é sentir de novo o cheiro de maracujá espremido em pano de prato tomando conta da casa.

O maracujá não era a minha fruta preferida, mas era o único suco natural que meu irmão (que sempre foi uma criança chata para comer) tomava. Minha mãe não poupava esforços para fazer aquele suco. A gente ia à feira e trazia toda semana duas dúzias de maracujá para casa. Quando já tinha idade, eu ajudava a cortar as frutas e a raspar a polpa naquele funil de pano de prato embocado na jarra de plástico. Dava um trabalhão e fazia uma sujeira considerável. O mais difícil de todo o processo era lavar os panos que viviam encardidos. Ainda bem que essa tarefa não sobrava para mim...

Minha mãe, que sempre foi uma mulher prática, congelava os cubinhos e a gente tomava suco de maracujá a semana inteira. Sempre com bastante açúcar. Aliás, até hoje não consigo tomar suco de maracujá sem adoçar... Limão até vai, mas maracujá não desce!

OS ENLATADOS

Quem nasceu na década de 1970 provavelmente se lembra do Tanjal e do Lanjal. Eu preferia o Tanjal, à base de tangerina. Mas sempre achei meio estranho um suco enlatado que ia direto da prateleira do supermercado para o congelador. Eu achava que suco a gente tinha que fazer na hora. E olha que nessa época eu nem sabia que suco pode oxidar e perder boa parte dos nutrientes em contato com o ar!

Acho que foi minha avó Nininha quem me ensinou isso. Eu dormia na casa dela toda quinta-feira, e ela esperava eu acordar e sentar à mesa para preparar o suco. E não era laranjada, não. Era laranja pura, sem água. Ela espremia na mão enquanto eu comia sequilhos (sem culpa, porque naquela época não tinha a menor ideia do que era caloria)... Ai, que saudade!

EM PÓ

E o famoso Ki-Suco, lembra? A embalagem com a jarrinha sorridente dizia: "refresco artificial sabor laranja", ou "refresco artificial sabor uva". A maioria das crianças que tem dificuldade para comer adora coisas artificiais, meu irmão não fugia à regra. Minha mãe comprava Ki-Suco para ele, e eu acabava tomando. Mas não gostava, não. Assim como nunca fui muito com a cara da groselha vitaminada Milani nem com a daqueles sucos hipercoloridos vendidos na feira em embalagens plásticas em formatos de brinquedos: carrinhos, bichinhos, frutinhas.

Na adolescência, na onda das dietas mirabolantes, tomei muito suco em pó. Dizia-se que matava a sede e não tinha calorias (sim, infelizmente nessa época eu já estava preocupada com calorias)! Eu mandava ver: quase um litro de Clight por dia. Meu sabor preferido era o de limão.

ENGARRAFADOS

"Maguary, Maguary é o suco!" Foi este *slogan* da década de 1980 que fez minha mãe descobrir o gosto do meu irmão pelo suco em garrafa. Pronto:

dá-lhe Maguary de maracujá. Não fazia tanta sujeira, não manchava os panos de prato e rendia que era uma beleza: com dois dedinhos de Maguary se fazia uma jarra inteira de suco de maracujá!

O Maguary de caju também fazia um relativo sucesso lá em casa. E tinha também o Superbom de uva. Esse eu achava bem mais gostoso, mas era mais caro, não dava para ter sempre na dispensa.

Sucos: tomar ou não tomar – eis a questão

Até meus vinte anos, sempre tomava suco nas refeições. Eu ainda não tinha noção de que suco é repleto de carboidrato, de que a frutose aumenta o índice glicêmico e de que o melhor é evitar o consumo de muito líquido junto com as refeições. Resumindo, a vida era mais fácil!

Nos restaurantes sempre pedia suco de laranja. Acho que para matar um pouco da saudade da vovó Nininha, que foi embora tão cedo. E também porque não era de polpa. Onde já se viu: a maior parte dos restaurantes cobra supercaro e ainda oferece um suco que não é o da fruta fresca?!

Adoro suco de melancia, mas com a refeição acho meio pesado... Limonada? Se for suíça, prefiro. Até tomo com adoçante, mas vamos combinar: com açúcar é muuuuuito mais gostoso! Hoje, quando me dou ao luxo de tomar um suco na hora do almoço, é sempre de tangerina. O bom é que, como a fruta é de época, não dá para cometer esse "pecado" o ano inteiro.

Tem também o de abacaxi com hortelã – eu adoro! Aliás, algumas misturas absolutamente simples fazem a maior diferença. A gente vai falar sobre elas daqui a pouco. Antes, vamos esclarecer algumas dúvidas frequentes sobre os sucos com a Andreia Naves.

MITOS E VERDADES

Se o suco não for tomado no mesmo instante em que é feito, ele perde propriedades nutritivas.

Verdade. Suco bom é aquele feito na hora. Algumas vitaminas e compostos bioativos (substâncias presentes nos vegetais e nas frutas que fazem bem à saúde) são perdidos minutos depois que o suco está pronto. O de laranja, por exemplo, perde nutrientes após sete minutos!

Tomar suco e comer a fruta têm o mesmo efeito.

Mito. A fruta contém mais fibras e alguns compostos bioativos que o suco não tem. Normalmente o suco também é mais calórico porque a gente usa mais frutas na mesma mistura.

Suco não engorda.

Mito. Consumir muito suco pode engordar, sim. Pense sempre: quantas laranjas (ou qualquer outra fruta) usei para este suco? Se comesse uma laranja eu poderia ficar satisfeito? Se você está fazendo dieta, o consumo de sucos pode não ser adequado. A frutose, que é o açúcar das frutas, é rapidamente absorvida pelo organismo, especialmente se estiver associada a outro tipo de açúcar, como a sacarose. Neste caso, vai direto para o fígado e pode resultar no aumento do LDL (o colesterol ruim), de triglicerídeos (outro tipo de gordura) e de ácido úrico. Por isso é superimportante tomar suco sem açúcar.

Um copo de suco de laranja tem a mesma quantidade de calorias que um de refrigerante ou de cerveja.

Verdade. Um copo com duzentos mililitros de suco de laranja tem entre 35 e 45 kcal, exatamente a mesma quantidade da cerveja pilsen e dos refrigerantes à base de cola ou guaraná.

Suco de soja é supersaudável e todo mundo pode tomar.

Mito. A soja tem proteínas de ótima qualidade que fazem bem à saúde. Porém, a maior parte dos sucos de soja disponíveis no mercado possui uma quantidade muito pequena de proteína e muito açúcar! Pessoas com sobrepeso, colesterol alto, diabetes e, sobretudo, as crianças deveriam restringir o consumo desse tipo de suco.

OUTRAS DÚVIDAS FREQUENTES

Existe um horário do dia em que é melhor tomar suco?

Gosto de indicar o suco no café da manhã porque é um momento em que podemos "inundar" o organismo de nutrientes, preparando-o para mais um dia. Mas depende muito da logística da vida, do horário que cada um tem disponível para preparar o suco. O ideal é fazer as combinações corretas para cada horário. Por exemplo, se consumir o suco à noite, inclua mais fibras (aveia, chia e linhaça) para retardar a absorção do açúcar.

Quais os sucos proibidos e os permitidos para acompanhar uma refeição?

O ideal é fazer uma refeição sem consumir qualquer tipo de líquido. Se você acha muito difícil, pode tomar um suco digestivo: de abacaxi com hortelã ou de limão, ambos sem açúcar.

Um suco pode substituir uma refeição?

Almoço e jantar em hipótese alguma! Um suco não contém todos os nutrientes necessários para compor uma refeição completa. No caso do café da manhã, dá para arriscar, mas só se for com um sucão! As frutas fornecem carboidrato, vitaminas e minerais, porém será preciso adicionar proteína (pode ser da clara do ovo, da chia ou ainda a do arroz) e gordura (presente, por exemplo, no óleo de coco e nas castanhas).

Quem tem azia pode tomar suco de abacaxi e limão?

Pode, mas isso depende muito da tolerância de cada um ao consumo de alimentos mais ácidos.

Faz diferença misturar as frutas com água, água de coco ou água de coco de caixinha?

A água de coco agrega mais nutrientes para a mistura. O ideal é sempre usar a água da fruta mesmo. A de caixinha geralmente contém conservantes e adoçantes. Mas lembre-se: tanto a água de coco natural quanto a de caixinha deixam o suco mais calórico.

Os industrializados

SUCO, NÉCTAR E REFRESCO: QUAL A DIFERENÇA?

Na hora de comprar um suco pronto, você presta atenção na embalagem? Sabe se o que você consome com maior frequência é suco, néctar ou refresco? Conhece a diferença entre eles? É o Ministério da Agricultura, Pecuária e Abastecimento que classifica essas categorias de bebidas de acordo com a concentração de fruta.

O decreto nº 6.871, de 2009, define suco como bebida não fermentada e não diluída feita à base da fruta madura. Mas o Ministério prevê que os sucos tropicais, de frutas como o caju, podem conter água, ou seja, podem ser diluídos, pois seu sumo é mais difícil de ser extraído. Nesse caso, devem ter no mínimo 50% de fruta.

Para os sucos, é proibida a adição de aromas e corantes artificiais, mas é permitida a de açúcar. Eles podem estar na forma concentrada – parcialmente desidratados – isso quer dizer que quando reconstituídos em água conservam os teores originais. Por exemplo, muitos sucos de uva ou maracujá de garrafa precisam ser misturados em água antes do consumo.

O mesmo texto classifica o néctar como a bebida obtida a partir da diluição da fruta em água potável, com adição de açúcar ou adoçante. O néctar deve ter no mínimo 30% de fruta. Ou seja, sempre que você tomar um néctar está consumindo algo que tem mais água e açúcar (somando as duas coisas) do que fruta. O néctar só pode ter aromas naturais.

O refresco tem menos fruta ainda. No de limão, por exemplo, a porcentagem é de apenas 5% e no de maracujá, de 6%. Somente os refrescos de laranja, tangerina e uva se equivalem ao néctar, com no mínimo 30% de fruta. A lista de conservantes, corantes e aromas artificiais permitida para os refrescos é a maior entre as categorias.

Suco de caixinha é bom para o lanche das crianças?

Segundo Marlos Vicenzi, chefe de divisão de bebidas do Ministério da Agricultura, Abastecimento e Pecuária, a maior parte dos produtos vendidos como "suco de caixinha" é, na verdade, refresco ou néctar. Por isso, atenção! Se seu filho toma muito "suco de caixinha", ele pode estar consumindo pouca fruta, bastante açúcar e uma variedade enorme de aditivos químicos. A dica é comprar os integrais, de preferência, orgânicos.

ORGÂNICOS E INTEGRAIS: SÃO MESMO MELHORES?

Os sucos integrais são feitos apenas de fruta. Não têm adição de açúcar ou água. Segundo o Ministério, também não podem estar na forma concentrada. Já a denominação de orgânico significa que aquele produto foi feito com matéria-prima cultivada sem qualquer tipo de agrotóxico.

Industrializados: para resumir

SUCO INTEGRAL: SÓ FRUTA Produto integralmente derivado da fruta, sem água, corantes, conservantes ou adição de açúcar.

SUCO ORGÂNICO: FRUTAS SEM AGROTÓXICO Produto feito com matéria-prima orgânica, ou seja, com frutas cultivadas sem agrotóxicos.

SUCO: FRUTA + AÇÚCAR Produto integralmente derivado da fruta, sem aromas ou corantes artificiais, mas que pode conter açúcar!

SUCO TROPICAL: PELO MENOS 35% DE FRUTA + ÁGUA + AÇÚCAR Pode ser diluído e também pode conter açúcar. A quantidade mínima de polpa admitida para esse tipo de suco é de 50%, com exceção dos casos em que a fruta apresenta muita acidez, como o maracujá, a graviola e o cupuaçu (nestes, são admitidos até 35% de fruta).

NÉCTAR: PELO MENOS 30% DE SUCO + ÁGUA + AÇÚCAR + ADITIVOS Produto diluído em água, com teor mínimo de 30% de fruta e adição de açúcar ou adoçante. Pode conter corantes, conservantes e aromas naturais.

Dica: Se for consumir, escolha produtos de frutas pouco ácidas, que precisam de menos açúcar. O néctar de limão sempre terá mais açúcar que o de goiaba, por exemplo.

REFRESCO: PELO MENOS 5% DE SUCO + ÁGUA + AÇÚCAR + ADITIVOS Produto diluído em água, com teor de polpa ou extrato de fruta ainda menor. Em alguns casos, como o de limão, de apenas 5%. Pode conter açúcar, adoçantes, aromas artificiais, conservantes e corantes. A lista de aditivos químicos permitidos no refresco é a maior de todas.

Palavra da nutricionista Se optar por comprar sucos industrializados, escolha sempre os integrais (sem adição de açúcar) e, de preferência, orgânicos.

ENTENDA OS RÓTULOS

Uma das dicas de ouro do *Bem Estar* – e que a gente vive repetindo no programa – é: LEIA O RÓTULO. Isso vale para alimentos, produtos de limpeza, beleza, higiene etc. Lá estão informações importantes sobre o peso, a validade e as propriedades de cada produto.

Mas mais do que ler, é preciso entender os rótulos, e isso nem sempre é tarefa fácil!

Aí vão algumas dicas:

A ordem dos ingredientes diz muita coisa sobre o produto

No rótulo, o ingrediente que aparece em primeiro lugar é o que está em maior concentração no produto. Se o açúcar aparece em primeiro lugar da lista de ingredientes de um suco, é melhor deixá-lo na prateleira e procurar algum em que as frutas sejam as primeiras a aparecer na lista.

Fique atento às porções

De acordo com a Agência Nacional de Vigilância Sanitária, porção é quantidade normal que uma pessoa sadia, maior de cinco anos, consome por vez para ter uma alimentação saudável. As porções que aparecem nos rótulos dos alimentos foram definidas por especialistas levando em conta uma alimentação balanceada. No caso dos sucos, geralmente uma porção equivale a duzentos mililitros. Portanto, fique atento: se o copo que você usa em casa tiver uma capacidade maior, você estará ingerindo mais suco do que os especialistas recomendam por vez.

Preste atenção no percentual de valor diário (%VD)

Para ter uma alimentação saudável, todo mundo precisa consumir determinada quantidade de nutrientes: carboidratos, proteínas, gorduras, vitaminas, minerais etc. O percentual de valor diário é o quanto (em porcentagem) a porção do alimento contribui para atingir esses valores. Se uma porção de refresco tiver, por exemplo, 10% de sódio, ele não é uma boa opção. Você poderá facilmente ultrapassar o recomendado por dia com o restante da sua alimentação.

Palavras que terminam com "ante"

Corantes, espessantes, estabilizantes, acidulantes, aromatizantes, umectantes são aditivos químicos.

Como identificar o açúcar e o adoçante

O açúcar pode aparecer "mascarado" no rótulo com outros nomes, como açúcar invertido, sacarose, frutose, xarope de milho, dextrose, glicose. Já os diferentes tipos de adoçantes (sacarina, aspartame e sucralose) podem estar identificados como edulcorantes.

A suqueira perfeita

Para se obter sucesso na empreitada dos sucos, é preciso disposição. Se isso virar uma rotina na sua vida, você terá que frequentar o sacolão, feiras ou supermercados pelo menos uma vez por semana.

Eu não abro mão de escolher as minhas próprias frutas. Aprendi com a minha mãe o ponto de cada uma e, sem modéstia, admito que escolho muito bem. Com exceção de abacate e melão – essas compro mais verdes e deixo amadurecer na fruteira. Mas não quero que você tenha problemas para escolher as frutas. Então, fui atrás de uma das pesoas que mais entende desse assunto. Bati um papo com o gerente de inteligência de mercado do Instituto Brasileiro de Frutas (Ibaf), Cloves Ribeiro Neto.

Da nossa conversa saiu a lista de dicas abaixo. Você pode copiar e deixar gravada no celular para consultar sempre que for às compras.

REGRAS BÁSICAS PARA ESCOLHER, CONSUMIR E GUARDAR

- Compre com os olhos: quanto mais vistosa, mais bonita e mais brilhante a fruta, melhor. Avalie também se não há nenhum dano externo: corte, batida etc.
- Frutas que nascem perto do chão, como o melão e a melancia, têm o que os especialistas chamam de "barriga branca" – a área que encosta no solo. Quanto mais marrom for essa área, mais madura está a fruta.
- Compre com as mãos: sentir a textura da fruta também é importante. Ela deve ser firme, mas não extremamente rígida. Atenção: nada de sair por aí apertando e estragando as frutas. Elas são sensíveis e requerem um toque delicado.
- Frutas que têm sementes internas, como a melancia e o maracujá, ficam mais pesadas quando estão maduras.

- Frutas tropicais, como abacate, manga, mamão, melão e banana, normalmente amadurecem após a colheita. Você pode comprá-las mais verdes e esperar até que estejam boas para o consumo.
- Já frutas como o abacaxi, a uva, a ameixa e o morango não amadurecem depois de colhidas.
- Embrulhar frutas em jornal é eficiente! O embrulho – que pode ser com qualquer papel – cria um microclima, uma espécie de estufa que favorece a troca de gases com o ambiente e faz com que as frutas amadureçam mais rápido.
- O ideal é lavar todas as frutas quando se chega das compras. Deixe de molho no hipoclorito de sódio. Para saber a quantidade que deve ser usada e o tempo em que vão ficar mergulhadas as frutas, veja as indicações no rótulo do produto. Muitos postos de saúde distribuem hipoclorito gratuitamente.
- Depois de secas, as frutas que não forem consumidas logo devem ser guardadas na geladeira, com exceção da banana. A geladeira retarda o amadurecimento.
- Se as frutas ainda não estiverem maduras, armazene numa fruteira, longe do sol.
- Consuma frutas da época: são suculentas e baratas.

FRUTA A FRUTA

Abacate:

- Você já sacudiu o abacate para saber se o caroço está solto? Essa dica vale se você quiser comprar um abacate pronto para o consumo. Se o caroço balançar, a fruta está madura; se estiver preso, ainda não é hora de comer.
- Escolha abacates com a casca brilhante e sem defeitos, como manchas, pontos negros ou sinais de maturação excessiva.
- Se o abacate está maduro, mas não vai ser utilizado imediatamente, armazene-o na parte menos fria da geladeira (acima de 6 °C) para retardar o amadurecimento.
- Se não estiver totalmente maduro, deixe em temperatura ambiente de um a três dias.
- Para congelar o abacate, deve-se extrair a polpa, amassá-la bem e misturar com um pouco de suco de limão.
- Abra o abacate somente na hora do consumo para evitar a oxidação que deixa a fruta escura.
- Se consumir apenas a metade, guarde a parte que sobrou com o caroço! Embale com papel-filme e ponha na geladeira.

Abacaxi:

- Responda rápido: se um galho da coroa do abacaxi sai com facilidade, a fruta está madura? Não, isso é mito. O nome técnico do galho é bráctea, e quanto mais facilmente se desprende da fruta, mais perto de apodrecer ela está. Então, nada de ficar arrancando as brácteas do abacaxi. Isso estraga a fruta!
- A melhor forma de escolher o abacaxi é prestar atenção à casca, e não à coroa. O abacaxi é o que os especialistas chamam de infrutescência – um conjunto de frutos. Cada gomo – cada quadradinho da casca – é um fruto, e quanto mais gordinho e separado dos outros que o cercam, mais maduro está o abacaxi.

- Se você optar por comprar abacaxi cortado e descascado, leia com atenção o rótulo e a data de validade.

Ameixa:

- Até o Ibraf admite que escolher ameixas é difícil.
- A maior parte das ameixas que a gente consome por aqui é importada e já chega ao país em um ponto avançado de maturação, por isso acaba estragando com facilidade.
- A melhor dica é prestar atenção na casca, que deve ser firme e lisa. Se a casca estiver murcha é sinal de que a ameixa foi colhida antes de amadurecer. E, normalmente, a ameixa não amadurece depois da colheita.
- A ameixa deve ser guardada por poucos dias na geladeira.

Banana:

- A banana tem uma característica superinteressante: se colhida no ponto certo, fica mais adocicada do que se amadurecer no pé.
- Você pode comprar banana verde e esperar até que esteja no ponto para o consumo.
- Quando a fruta amadurece, a casca da banana perde as arestas, fica mais arredondada e estufadinha.

Figo:

- Ao contrário de outras frutas, o aspecto do figo não precisa ser lisinho.
- Se a pele estiver enrugada e aberta, o figo está no ponto.
- Observe a cor da abertura na ponta da fruta: ela deve ter um tom vinho-avermelhado, nunca verde-musgo.
- Observe também se não há larvas escondidas nessa abertura.
- Não compre figos duros, rachados ou com um dos lados achatados.

Goiaba:

- Goiaba boa é aquela firme, mas não dura.
- Se não quiser ter surpresas desagradáveis, escolha frutas que não apresentem marcas de picadas de inseto ou bicadas de pássaros.
- A melhor goiaba é aquela que não está nem muito verde nem muito madura, pois em ambos os casos a fruta perde rapidamente o sabor e parte do valor nutritivo.

Laranja, mexerica e tangerina:

- Dê preferência às mais pesadas. Elas têm mais suco!
- Devem ser firmes, a casca não pode ceder muito à pressão dos dedos.
- Frutas moles ou manchadas normalmente já passaram do ponto.
- O auge da safra da laranja (isso vale também para a tangerina e para o limão) é entre junho e agosto. Nessa época, as frutas ficam mais saborosas.

Limão:

- O limão deve ser brilhante, ter a casca lisa e macia.
- Quanto mais pesado, mais suculento.
- Evite comprar os que apresentam manchas e queimaduras na casca.
- Os frutos com a casca muito seca ou dura também não são bons.
- É possível encontrar limão o ano inteiro, porém em geral eles estão mais suculentos entre junho e agosto.

Maçã:

- No caso das maçãs, vale a regra básica: frutas firmes e bonitas.
- Parece que alguém encerou a casca e ela está superbrilhante? Hum, deve estar deliciosa!
- Se você comprar uma maçã batida, pode retirar a parte que pretejou e comer o restante sem problemas. Isso não faz mal à saúde.
- A safra da maçã começa em março.

Mamão:

- Mamão no ponto tem tom amarelo-alaranjado e exala um aroma característico.
- Mamão molinho já passou do ponto.
- Estrias amarelas na casca indicam que o mamão foi colhido no ponto certo.
- Se a casca tiver manchinhas verdes, cuidado! Isso é sinal de uma doença, a antracnose. Causada por fungos que costumam se proliferar em regiões quentes e úmidas, a antracnose leva à podridão.
- O mamão amadurece depois da colheita. Dá para comprar mais durinho e deixar fora da geladeira até que fique no ponto.

Manga:

- Não compre mangas meladas nem com manchas cinzas ou escuras na casca.
- Cheire a manga: o aroma deve ser fresco e agradável.

- A cor não é um indicador confiável de maturação: algumas variedades se tornam amarelas quando maduras, outras ficam avermelhadas, ou apresentam um tom verde-alaranjado.
- Manga com casca enrugada não está boa para o consumo.
- Desconfie se o preço estiver muito alto: para aproveitar um momento de baixa na safra e supervalorização da fruta, alguns produtores colhem a manga antes do tempo.

Melancia:

- Casca firme e lustrosa são bons sinais.
- As melhores melancias têm polpa vermelha e bastante suco, por isso pesam bastante.
- Se você comprar a melancia em pedaços, assegure-se de que a polpa está firme e suculenta. Se a polpa estiver mole e num tom mais para o vinho do que para o rosa, a fruta pode estar passada.
- Se comprar a melancia inteira, preste atenção no que os especialistas chamam de barriga branca, a parte da casca que toca o solo. Quanto mais branca, mais verde está a fruta. Quanto mais amarronzada, mais madura.

Melão:

- Segundo o Ibraf, a fruticultura do melão sofreu uma verdadeira revolução de qualidade. Hoje, a maior parte da produção, que se concentra no Nordeste do país, é colhida no ponto ideal. Por isso, ficou muito mais fácil comprar melão docinho e suculento.
- O melão maduro tem certa flexibilidade nas extremidades.
- A casca deve ser firme, sem rachaduras.
- Melhor época para comprar: janeiro e fevereiro.

Morango:

- O morango na verdade é uma flor, e não uma fruta, por isso é tão delicado.
- Compre os de textura firme, coloração bonita e sem partes moles.
- Não compre morangos manchados, com rachaduras ou outros defeitos na casca.
- Os melhores meses pra comprar são junho e julho, no pico da safra.

Pera:

- Quanto mais verde o talo da pera, mais fresca está a fruta.
- Se o talo já estiver marrom, ou quase preto, a fruta pode estar envelhecida.
- Casca lisa, vistosa, brilhante e sem manchas são bons indicadores de uma fruta suculenta.
- A pera não pode estar dura demais. Ao apertá-la de leve, você deve sentir que a casca e a polpa estão ligeiramente separadas.
- Se você passar a mão na pera e sentir que está descamando, não compre. Esta pera já está velha.
- Melhor época para comprar: entre dezembro e fevereiro.

SOU SABOROSO!
O REI DO SABOR
Rei
WWW.ITAUEIRA.COM.BR
Medjoul Dates
BANCA DO JUCA
Pêssego Selecionado Quilo 49,90
Ameixa Quilo 49,90

Aprecie todo o sabor da fruta do momento
Airelle Cranberry
Medjoul Dates
BANCA DO JUCA
Damasco Negro Quilo 49,90
BANCA DO JUCA
Cajú do Nordeste Quilo 39,90
BANCA DO JUCA
Figo de Valinhos Quilo 39,90
BANCA DO JUCA

Pêssego:

- Dê preferência aos de casca firme, mas não dura.
- Tamanho não é documento: nem sempre o maior é o mais gostoso.
- Não compre pêssegos com a pele verde. Isso indica que o amadurecimento ocorreu de maneira inadequada.

Uva:

- Cachos cheios, com bagos firmes e lisos normalmente são os melhores.
- Atenção: as frutas não devem se desprender do cacho com facilidade! Isso é sinal de que estão passando do ponto.
- Ao contrário do que muita gente pensa, aquela película esbranquiçada ou acinzentada que cobre as uvas não é resíduo de agrotóxico, mas sim uma cera natural que se chama pruína e que é um ótimo indicador de qualidade! Se a fruta tem pruína é sinal de que foi colhida no momento certo.
- Preste atenção aos cabinhos do cacho: quanto mais verdes, mais frescas as uvas. Se os galinhos estiverem amarronzados, a colheita foi feita há muito tempo.

O KIT DA SUQUEIRA

- Faca para descascar frutas.
- Faca para cortar frutas.
- Tábua: é bacana separar uma tábua para manipular apenas os ingredientes que vão no suco. Caso contrário, ele pode ficar com gostinho de outros temperos, como alho e cebola, já pensou? Sem contar que uma tábua para cada coisa diminui muito o risco de contaminação cruzada – um perigo para a saúde!
- Forminhas de gelo: ajudam a guardar no congelador alguns ingredientes em cubos, e isso facilita muito a vida.

- Papel-filme: ele pode ser usado para embrulhar folhas de couve, uma a uma, e deixá-las no congelador. Para os sucos verdes, isso é muito prático.
- Peneira: eu não uso, me acostumei a tomar todos os sucos com os bagaços e fiapos. Tem alguns que ficam tão grossos que como com colher! É uma maneira de ingerir um pouco mais de fibra, já que meu intestino não é lá grande coisa. Mas se o seu intestino é do tipo "reloginho", sugiro ter uma peneira de aço inoxidável. Ela é mais higiênica que a de plástico, dura mais e não fica impregnada com o cheiro das frutas.
- Liquidificador bom: quanto melhor o seu liquidificador, menor a chance de você desanimar. Não precisa ser aquele da marca mais cara, mas tem que ser um equipamento confiável. Se você achar que o liquidificador não vai dar conta do recado, acabará desistindo antes de começar, pode apostar!
- Centrífuga ou multiprocessador: eu só investiria nisso se tivesse dinheiro e espaço sobrando na cozinha.
- Escovinha (que pode até ser de dentes – nova!) para limpeza do liquidificador.

SEGREDOS DE LIQUIDIFICADOR

Bom mesmo é ter um liquidificador capaz de quebrar gelo. Nada como acrescentar umas pedrinhas para o suco ficar ainda mais refrescante. Bater o gelo junto é uma boa forma de deixar a mistura mais homogênea, sem ficar aguada demais.

Outra dica fundamental: nunca deixe para limpar o liquidificador depois. Parece chato, mas, se você não passar uma água com detergente no copo logo em seguida, será muito mais trabalhoso. Em pouco tempo, ele vai ficar melecado e cheirando mal. Regra básica da sujeira: quanto mais tempo fica, mais custa a sair.

Para não ter a tentação de deixar o copo do liquidificador na geladeira, faço apenas um copo de suco por vez. Assim que bato, tomo o suco e já coloco duas gotas de detergente no liquidificador. Encho de água até a metade e bato de novo na função autolimpeza – se o seu aparelho não tem essa função, use o modo pulsar. Depois, lavo a tampa e *voilà*. Dá até para esperar mais para lavar com a bucha, mas confira se não há nada grudado que depois vá dar trabalho para sair. Neste caso, é bom usar a escovinha para remover a sujeira mais resistente.

DO QUE VOCÊ (NÃO) PRECISA

Para mergulhar no mundo dos sucos não é preciso saber cozinhar. E essa é uma grande vantagem! Uma receita de liquidificador não põe um jantar a perder. No máximo, o prejuízo será de algumas frutas desperdiçadas.

Quem não sabe cozinhar tem outra vantagem para se aventurar no mundo dos sucos: passar a frequentar a cozinha, familiarizar-se com ela e, quem sabe, até gostar! Depois que comecei a fazer meus sucos diariamente, fui perdendo o medo da cozinha. Hoje me arrisco também em outras áreas. Já fiz até fermento de pão! Ô coisa complicada!

Cubos, polpas e outras dicas para poupar tempo

Algumas receitas deste livro levam couve, agrião e rúcula. Tem coisa mais chata na cozinha do que lavar folhas? Minha sugestão é realizar essa tarefa no máximo uma vez por semana. Como? Deixando no congelador cubinhos ou enroladinhos de couve, por exemplo.

Para fazer os cubinhos, lave a couve (ou o agrião, a rúcula, a cenoura, a beterraba etc.), pique e bata com um pouquinho de água. Aí, é só congelar em forminhas de gelo.

Eu prefiro os enroladinhos. Eles não ocupam muito espaço no congelador nem acabam com as forminhas de gelo. No caso da couve, basta lavar as folhas, deixar secar bem e enrolar cada uma separadamente em papel-filme. Depois é só levar ao congelador. Na hora de usar, basta desembrulhar a folha e colocá-la no liquidificador. Se você optar por fazer enroladinhos de rúcula ou agrião, vale a pena enrolar em cada papel-filme a quantidade que vai na receita.

DESCASCAR ABACAXI: NINGUÉM MERECE!

Sua fruta preferida é o abacaxi? Faça cubinhos de abacaxi batido (neste caso nem precisa colocar água) e guarde no congelador. Isso evita o trabalhão de ter que descascá-lo só para fazer um copo de suco. Outra vantagem é que o resfriamento dificulta a oxidação e preserva os nutrientes da fruta.

Dica: Se você quer usar o abacaxi fresco, uma boa sugestão para descascá-lo é lavar bem e cortar em rodelas ainda com a casca. Depois tire a casca de cada uma das rodelas. Você vai ver como é muito mais fácil. O segredo é usar uma faca bem afiada!

POLPA POUPA TEMPO

Eu não gosto muito de polpa. Sempre que posso, evito. Mas não há como negar: a polpa poupa tempo. É só abrir o congelador e jogar no liquidificador! Sempre tenho polpas de frutas vermelhas: amora, framboesa e mirtilo (*blueberry*). Aqui no Brasil, não é toda hora que a gente encontra essas frutinhas deliciosas. Por isso, tê-las à mão ajuda muito. Sem contar que as polpas evitam um grande prejuízo porque as *berries* são muito perecíveis e caras demais para ir para o lixo! Apesar de morango ser mais fácil de achar, também não é barato e estraga rápido. Comprar a polpa ou a fruta congelada pode ser uma boa ideia!

Outra polpa que não falta no meu freezer é a de açaí. Prefiro a que vem em cubinhos pequenos (tipo cubos de gelo) à do pote maior. Acho mais fácil de calcular quanto vou colocar no suco. Como o açaí é hipercalórico, não é bom correr o risco de exagerar na dose, certo?

Se você for usar polpa de abacaxi ou manga, vale o alerta: o sabor do suco pode ficar um pouco diferente, já que as espécies usadas para fabricação das polpas, normalmente, não são as mais vendidas nos supermercados, feiras ou sacolões. A maior parte das de manga é feita com a variedade coquinho, que tem mais fiapos e por isso é mais difícil de ser consumida *in natura*. No caso do abacaxi, o mais usado é o havaí, um pouco menos doce que o pérola, que muita gente prefere.

Além de passarem por um processo de lavagem, esmagamento, trituração e centrifugação, as frutas que viram polpas muitas vezes são pasteurizadas, o que aumenta a durabilidade e elimina micro-organismos, garantindo segurança alimentar.

PROVE ANTES DE ADOÇAR

Sem açúcar, por favor

Uma das informações bacanas que aprendi no primeiro *Bem Estar* sobre sucos foi a razão pela qual não devemos adoçar a mistura. Toda fruta já tem a sua própria doçura, algo que os especialistas chamam de sólido solúvel, ou seja, a quantidade de açúcar que já vem de fábrica, neste caso, da natureza! E pasmem: a maior parte das frutas que a gente compra tem entre 10% e 15% de açúcar. Mas algumas uvas superdocinhas podem ter até 20%!

Essa medição do açúcar é feita por uma metodologia conhecida como graus Brix. O aparelho que mede o grau Brix das frutas se chama refratômetro, uma espécie de termômetro com uma lupa na ponta. O produtor espreme a fruta e usa o equipamento para medir a quantidade de luz que é refratada ao passar pelo líquido. Quanto mais a luz se desvia, mais alto o teor de açúcar, ou maior o grau Brix da fruta. Um grau Brix é igual a um grama de açúcar por cem gramas de fruta, ou seja, 1% de açúcar.

E mel, pode?

O mel mascara um pouco o sabor natural das frutas. Minha dica é experimentar sem açúcar e sem mel. Se achar muito ruim, intragável, coloque um pouquinho.

Para tomar e gostar é só começar

Gosta de comida japonesa? Curtiu da primeira vez que provou? E seu filho comeu toda a papinha de primeira? Ou cuspiu fazendo aquela meleca no babador? Com os sucos é a mesma coisa: o paladar precisa se acostumar. Por isso, as primeiras receitas deste livro são mais adocicadas, não misturam tantos sabores e têm consistência mais parecida com a que já estamos acostumados.

Suco bom é suco feito na hora

Para evitar desperdício – porque suco é bom na hora em que é feito –, todas as receitas do livro são para cerca de um copo. Portanto, se quiser servir para mais gente, basta calcular a quantidade e ir dobrando a receita.

As receitas, finalmente!

Começando do começo

A receita que deu origem à *hashtag* #sucosdamari não podia faltar! Afinal, se ela tivesse sido malsucedida, este livro não existiria. Comece por ela, e quem sabe você também não se apaixona pelos sucos!

- 1 polpa de morango
- 1 polpa de acerola
- 1 banana
- 2 laranjas
- 1 colher (sopa) de quinoa

Palavra da nutricionista Acerola e laranja: o que essas frutas têm em comum? Muita vitamina C. A acerola é a campeã nesse quesito! E a vitamina C – um poderoso antioxidante que tem sido cada vez mais usado na indústria de cosméticos – pode ajudar a deixar sua pele mais bonita e ainda diminuir o risco de inflamações, por exemplo. A banana tem amido resistente, um tipo de fibra que ajuda o intestino a funcionar melhor, e a quinoa é fonte de proteína e pode nos deixar mais saciados, diminuindo a fome.

Misturinhas simples que fazem a maior diferença

Abacaxi turbinado com hortelã

Sem dúvida nenhuma a minha aventura no mundo dos sucos começou com o abacaxi com hortelã. Depois que a onda chegou aos restaurantes de São Paulo, minha mãe adotou a receita em casa. Só que ela colocava muito mais hortelã – o suco ficava verde! Aliás, o primeiro "suco verde" que tomei na vida. Vale experimentar: coloque duas, três, quatro vezes mais hortelã que o habitual e veja a diferença no sabor. Além de delicioso, esse suco ajuda na digestão.

- 2 rodelas de abacaxi
- 2 dedos de água
- 8 folhas de hortelã

Palavra da nutricionista A hortelã é uma planta e vai bem em diversas preparações. Funciona como estimulante gástrico, ou seja, ajuda nos problemas de má digestão. O abacaxi também, porque possui uma enzima digestiva chamada bromelina. Assim, o ideal é que essa misturinha seja consumida meia hora antes ou depois das refeições. Mas se você quiser tomar um suco na hora do almoço, que seja este!

Melancia com limão

Este eu descobri mais tarde, quando já era repórter da Globo, em uma das paradas estratégicas que as equipes de reportagem vivem fazendo nas padarias de São Paulo. O repórter cinematográfico, Eduardo Mendes, pediu: "Me vê um suco de melancia com limão". Eu achei estranho e perguntei: "Esse troço é bom?". Ele garantiu que sim, e pedi um igual. A melancia ganha ainda mais frescor e não fica tão doce! Ideal para um dia bem quente.

- 2 fatias pequenas de melancia
- Suco de ½ limão

Palavra da nutricionista Além de ser super-refrescante, a melancia é rica em licopeno, um composto bioativo (substância da fruta que faz bem à saúde) com ação antioxidante. Ou seja, previne o envelhecimento precoce e protege as células e órgãos, diminuindo o risco de diversas doenças, como câncer e problemas cardiovasculares. A melancia também tem as vitaminas A, C, B1 e B2, o que confere à fruta poder diurético. Assim, se você está se sentindo inchado, este é um bom suco para tomar!

Já o limão, apesar de ser uma fruta ácida, depois de digerido libera resíduos alcalinos no nosso sangue, o que ajuda a equilibrar o pH corporal. Isso é importante para a prevenção do quadro de acidose metabólica, muito comum em quem é diabético ou obeso.

Mexerica com gengibre

Descobri o gengibre durante a gravidez do meu primeiro filho. Tive muita náusea, e a raiz é um poderoso aliado contra o enjoo. Andava o dia inteiro com uma garrafinha de água com gengibre na mão. Quando estava com vontade de tomar um suco, também misturava gengibre. Foi aí que me dei conta de que mexerica e gengibre combinam superbem.

- Suco de 3 mexericas
- 4 lascas de gengibre
- 6 pedras de gelo

Palavra da nutricionista O gengibre é uma raiz com poder antiemético e anti-inflamatório, por isso ajuda nos enjoos, náuseas e também em inflamações, como a dor de garganta. Alguns de seus princípios ativos são antioxidantes, combatendo os radicais livres – acúmulo de lixo no organismo. A mexerica faz bem para os rins e os ossos – a vitamina C é importante para fixar o cálcio no osso.

Kiwi com morango

Não sei porquê. Um dia encafifei que kiwi era parecido com morango. Talvez tenha sido porque as duas frutas têm sementes bem pequenininhas. Talvez porque acho que a consistência de uma lembra a da outra. Decidi misturar as duas em um suco. E não é que ficou bom?

- 10 morangos
- 2 kiwis maduros
- 100 ml de água

Palavra da nutricionista Este suco é ótimo para a pele porque tanto o morango quanto o kiwi são ricos em vitamina C, um poderoso antioxidante que combate o envelhecimento precoce. Já prestou atenção em quantos cremes têm vitamina C? E você já deve ter ouvido falar que toda fruta vermelha tem flavonoides, certo? Os flavonoides são compostos de origem natural que conferem à fruta a cor avermelhada e a protegem, por exemplo, dos raios do sol. A gente não consegue sintetizar flavonoides, por isso, precisamos comer alimentos que os contenham. No nosso corpo, eles também têm ação antioxidante e ajudam na prevenção do câncer e de doenças cardiovasculares – das veias, artérias e coração.

O kiwi é fonte de fibras e fruto-oligossacarídeos (um composto de fibras formado por moléculas de açúcar que produz bactérias boas no intestino), por isso pode ser chamado de prebiótico. Não se assuste se o seu intestino começar a funcionar melhor depois que você incluir este suco na dieta. Os prebióticos ajudam a regular o funcionamento intestinal e a manter a saúde da microbiota (a colônia de micro-organismos que vivem no nosso intestino). O kiwi possui ainda uma ótima quantidade de clorofila, outra substância antioxidante e que auxilia o fígado na eliminação de toxinas do organismo.

Abacate com laranja

Meu pai é mexicano e isso significa que em casa nunca faltava abacate. Além da tradicional receita que todo mundo conhece – a de guacamole –, meu pai comia abacate com iogurte, com salada, com feijão e até como patê, no pão. Eu preferia a vitamina de abacate: com leite e bastaaaaante açúcar. Mas como hoje os especialistas acreditam que 70% dos adultos têm algum grau de intolerância à lactose e a maioria das pessoas vive brigando com a balança, aqui vai uma misturinha simples – sem leite e sem açúcar – para aproveitar os benefícios do abacate!

- Suco de 2 laranjas
- ⅓ de um abacate médio

Palavra da nutricionista O abacate é uma fruta originária do México e um grande aliado da nossa saúde! Tem ômega-9 e fitosteróis que ajudam no controle do colesterol. A laranja é laranja porque tem carotenoides (moléculas alaranjadas, amarelas ou vermelhas presentes em algumas frutas e vegetais que ajudam os animais, como nós, a sintetizar a vitamina A, por exemplo). Essas substâncias são importantes para diminuir o risco de desordens inflamatórias, como osteoartrite.

O maldito do abacaxi

Tenho uma amiga que vive de regime e toda vez que o garçom pergunta o que vai querer de sobremesa, ela responde: "O maldito do abacaxi". É fogo viver de dieta! Pior ainda é ter que comer algo que você não aguenta mais. Para variar o cardápio, minha amiga começou a pedir abacaxi com morango nos restaurantes. Um dia, almoçando com ela, experimentei e amei! Claro que depois decidi testar a combinação em um suco.

- 2 rodelas de abacaxi
- 10 morangos
- 100 ml de água gelada

Palavra da nutricionista Já falamos que o abacaxi ajuda na digestão, mas não dissemos que ele também é rico em vitamina C. E essa vitamina, você já sabe, protege o nosso corpo contra a ação de radicais livres, moléculas que danificam as células e os órgãos, aumentando o risco de diversas doenças, como câncer, infarto e aneurisma cerebral. O morango é uma fruta superversátil que dá sabor e cor ao suco. Pode ser pequenininho, mas tem um monte de nutrientes: fibras, vitaminas, minerais e compostos bioativos – bons para o intestino, os cabelos, a pele, as unhas e para a prevenção de diversas doenças, como o câncer.

Se dois é bom, três é demais!

A proposta deste livro é que você entre no mundo dos sucos devagar, tome gosto e, quem sabe, vire uma "sucólatra" como eu! Por isso, a gente vai incrementando a mistura aos poucos: depois de juntar dois ingredientes, por que não tentar três? Separei três receitas que só levam três ingredientes:

Suco 1

- ½ mamão
- Suco de 2 mexericas
- Suco de ½ limão siciliano

Suco 2

- ½ pera
- ½ maçã verde
- 2 fatias de melão

Suco 3

- 200 ml de suco de uva integral
- 1 ameixa
- ½ pêssego

Palavra da nutricionista O melão é bom para diminuir a retenção de líquidos. A maçã tem fibras e quercetina – um flavonoide (substância presente nos vegetais e nas frutas) que possui ação antioxidante e ajuda a reduzir os riscos de câncer, de problemas no fígado, nos rins e no coração.

Algumas evidências mostram que a pera possui atividade antioxidante e antibacteriana.

A ameixa e o mamão são bons para o intestino funcionar direitinho. E o mamão, como todas as frutas e vegetais alaranjados, é fonte de betacaroteno, um fotoprotetor, ou seja, uma substância que ajuda o organismo a se proteger dos raios do sol. Quem come mais mamão pode ter a pele jovem por mais tempo e ainda ficar com um bronzeado mais bonito, já que o betacaroteno estimula a produção de melanina, pigmento que dá cor à pele. Mas não se engane: mesmo comendo mamão, você jamais pode deixar de usar filtro solar!

A uva é fonte de resveratrol, chamado de fito-hormônio porque sua molécula se assemelha à do estrógeno, hormônio feminino. O estrógeno protege as mulheres que ainda não entraram na menopausa de doenças como o câncer de mama e o infarto. O resveratrol, por ser parecido, também reduz riscos de doenças cardiovasculares.

O pêssego é considerado um alimento que ajuda na prevenção das inflamações, e alguns estudos mostram que quem come a fruta tem menos chance de ter doenças crônicas e alguns tipos de câncer.

Doce de coco

Não, não leva açúcar, nem leite condensado (que pena!). Mesmo assim é um coringa para os dias de TPM, quando bate aquela raiva do mundo e a vontade avassaladora de devorar qualquer coisa que vemos pela frente.

- 150 ml de água gelada
- 1 colher (sopa) de polpa de maracujá
- 3 fatias médias de manga
- 2 colheres (sopa) de coco ralado fresco

Palavra da nutricionista O maracujá é uma fruta bastante conhecida por suas propriedades calmantes, mas, além disso, contém vitaminas, minerais e fibras – nutrientes essenciais para o equilíbrio corporal. O coco é um dos grandes representantes das frutas tropicais e sua polpa é cheia de gorduras associadas ao equilíbrio dos níveis de colesterol e da atividade antioxidante, funções importantes para a redução do risco de aterosclerose e infarto do miocárdio. Possui, ainda, efeito anti-inflamatório e antibacteriano. Este suco dá bastante saciedade e diminui a fome, contribuindo, assim, para a perda de peso.

Meu vício

Este suco vermelho é a minha tradução da música *Meu bem, meu mal*, do Caetano: "Meu vinho, meu vício/meu bálsamo benigno". Fiquei viciada nesta receita durante a gravidez e especialmente depois que o Miguel nasceu, quando a Andreia Naves me disse que suco de uva com frutas vermelhas podia ajudar o bebê a dormir mais e melhor. Claro, fiz o teste! O Miguel às vezes dormia, às vezes não. Mas eu continuava tomando o suco. Viciei.

- 150 ml de suco de uva integral
- 1 colher (sopa) de framboesa congelada
- 1 colher (sopa) de mirtilo (*blueberry*) congelado
- 5 morangos
- 1 colher (sopa) de amora congelada
- 2 colheres (sopa) de açaí (opcional)
- 2 colheres (sopa) de proteína de arroz

Palavra da nutricionista Já ouviu falar em melatonina – o hormônio do sono? Estudos científicos já comprovaram que algumas frutas vermelhas (a amora, a uva, a cereja e a ameixa) têm compostos bioativos que auxiliam na formação desse hormônio, ajudando a induzir e a melhorar a qualidade do sono.

As uvas ou o suco integral de uva têm resveratrol e flavonoides – substâncias que reduzem o risco de hipertensão e ainda protegem as células do cérebro. Este suco também é bom para a pele por causa da quantidade de antioxidantes. A proteína do arroz ajuda a manter ou a aumentar a massa muscular e ainda contém diversos aminoácidos que são essenciais para as defesas do nosso organismo.

Açaí no copo

Várias lanchonetes anunciam: "Açaí na tigela: aqui tem!". Mas já experimentou suco de açaí? É tão bom quanto e não engorda tanto, porque vem sem a granola e em menos quantidade. Dá para misturar com várias frutas. Eu prefiro assim:

- 100 g de polpa de açaí
- Suco de 1 laranja
- 1 banana
- 100 ml de suco de uva integral

Palavra da nutricionista O açaí traz cor e sabor para este suco! Olha só quanta coisa essa fruta do Norte do país oferece: proteínas, lipídeos, fibras, vitaminas, minerais e uma excelente quantidade de antocianinas, flavonóis e flavonas, substâncias responsáveis pela cor roxa e pela sua propriedade antioxidante. Por tudo isso, essa fruta pode reduzir riscos cardiovasculares e neurológicos, de câncer, envelhecimento precoce e ainda de problemas de pele, como a acne.

Verdinho básico

Por que os sucos verdes fazem tanto sucesso? Será que eles são tão bons assim? Para quê? Bom, isso deixo a Andreia responder. O que eu queria era uma receita de suco verde que fosse fácil de fazer e de beber, por isso peguei emprestado o nome "verdinho básico" da minha amigona Alice Lobo, que tem um blog incrível sobre sustentabilidade com esse nome.

- 1 copo de água de coco
- 1 caju
- 1 folha de couve
- 2 lascas de gengibre (opcional)

Palavra da nutricionista Sucos verdes fazem sucesso porque têm compostos (isoticianatos e glicosinalatos) que protegem o fígado, ajudando a eliminar as toxinas. Quando você exagera no fim de semana, por exemplo, vale usar o suco verde na segunda-feira. Se for pós-atividade física, melhor ainda. Quando suamos, perdemos minerais essenciais para o bom funcionamento do corpo. É preciso repor tudo isso! E a água de coco é um isotônico natural que devolve potássio, sódio e cloreto para o nosso organismo. A bebida tem ainda cálcio, magnésio, ferro, cobre e vitaminas C e do complexo B, mas só se for natural. As opções industrializadas trazem menos benefícios.

Já o cálcio, as fibras e as vitaminas C, A e K presentes na couve são importantes para o sistema imunológico, para a saúde dos olhos, da pele, dos ossos e do coração.

O gengibre também é um grande aliado das defesas do nosso corpo pelo poder anti-inflamatório. E, como já vimos, a raiz ajuda a melhorar os sintomas de náuseas e enjoos.

Rosa bebê

Este suco é fofo! Fica com uma cor bem suave que lembra um pouco a do iogurte.

- 1 fatia pequena de melancia
- 1 rodela de abacaxi
- 10 morangos
- ½ copo de água de coco
- 1 colher (sopa) de chia

Palavra da nutricionista Se você tem problemas de retenção de líquido ou se o seu sistema digestório não funciona direitinho, este suco pode te fazer bem! A combinação de chia, melancia, água de coco, morango e abacaxi atua na regulagem da função digestiva e intestinal e tem uma potente ação diurética.

A chia tem sido alvo de muitos estudos científicos que concluíram que a semente é uma excelente fonte de ômega-3, as gorduras do bem. As análises mostraram ainda a presença de fibras, proteínas, minerais, vitaminas e outras substâncias ativas com ação antioxidante. Pode-se dizer, portanto, que a chia é anti-inflamatória, ajuda no controle do colesterol e no bom funcionamento do intestino.

Branquelo

Já tomou suco branco? Não é vitamina, não leva leite. É suco mesmo! Se quiser deixá-lo mais "bronzeado", basta colocar mais canela!

- 200 ml de água de coco gelada
- 1 banana
- 1 colher (sopa) de linhaça dourada ou farinha de linhaça
- 1 pitadinha de canela
- Lascas de gengibre a gosto

Palavra da nutricionista Este suco pode ser tomado antes de dormir. A canela estimula a produção de neurotransmissores que induzem o relaxamento, melhorando o sono. A linhaça tem fibras, nutrientes importantes para o funcionamento do intestino que podem ajudar você a ir ao banheiro na manhã do dia seguinte. Quem consome essa semente está ingerindo ainda uma ótima quantidade de ômega-3, um tipo de gordura essencial para manter saudáveis as funções cerebrais e as do sistema imunológico. A linhaça também contém lignanas, substâncias com ação semelhante à do estrógeno. Esse hormônio feminino confere proteção contra doenças do coração e alguns tipos de câncer, como o de mama.

Este suco é uma viagem

Depois que comecei a fazer sucos, passei a querer experimentar receitas também fora de casa. Sempre que vou a uma lanchonete, um restaurante ou um hotel que tem sucos diferentes no cardápio, escolho um e me deixo surpreender. O que acabou acontecendo é que alguns sucos se transformaram em boas e inesquecíveis lembranças de viagens que fiz mundo afora.

Manga com wasabi

Pode parecer estranho, mas é delicioso! Deixe o preconceito de lado e prove esta receita que descobri numa viagem a Jericoacoara, no Ceará. Se você é daqueles que acha que o lugar faz a comida ou o sabor, pode viajar até lá para provar. Não é uma ótima ideia? Quem serve essa delícia é o restaurante Tamarindo, que tem mesas com pé na areia em um lugar descolado e aconchegante.

- 1 manga
- A ponta de uma faca de wasabi
- 4 pedras de gelo

Palavra da nutricionista O wasabi é uma raiz-forte que possui característica anti-inflamatória, antimicrobiana e anticancerígena. A manga destaca-se como antioxidante por ser fonte de vitamina C, carotenoides (o que dá a cor amarelo-alaranjada à fruta e ajuda nosso corpo a sintetizar vitamina A) e compostos fenólicos – um tipo de flavonoide que confere o aroma característico da fruta e age eliminando radicais livres, o lixo do nosso organismo.

Yoga blend

Conhece Manaus? Cuiabá? Teresina? O calor de Bangcoc, na Tailândia, é parecido.

E foi em uma tarde de verão na Ásia que sentei na varanda do hotel Mandarin Oriental, de frente para o rio Chao Phraya, e, ao ver no cardápio essa mistura, não resisti! Primeiro me pareceu bastante refrescante, depois o nome me soou muito bem: *yoga blend*. Eu sou praticante de *yoga* há quase dez anos (com algumas pausas) e adoro! Além disso, essa viagem para mim teve tudo a ver com a filosofia *yogue*: viver plenamente o momento, integrar corpo, alma e espírito.

- 1 goiaba vermelha
- 1 ½ banana
- 4 fatias de manga
- 8 morangos

Palavra da nutricionista A goiaba é fonte de vitaminas A, C, fibras e licopeno. Alguns estudos já mostraram que o licopeno pode estar associado à prevenção de certos tipos de câncer e à redução de doenças crônicas, como o diabetes. A combinação com manga, banana e morango potencializa os efeitos antioxidantes dessa mistura.

Paris tem sempre uma boa ideia

"Paris é sempre uma boa ideia." Mais do que isso, acho que Paris TEM sempre uma boa ideia. Este suco é um dos meus preferidos! Experimentei durante as férias de 2006, quando eu e meu marido alugamos um apartamento na capital francesa. A gente passou três semanas na cidade e nesse período acordamos cedo quase todos os dias para correr no Jardim das Tuileries. Depois de quarenta minutos de exercício, estávamos famintos. Na volta ao apartamento, nos deparamos com o Paradis du Fruit, perto do Forum Les Hales. O Paradis du Fruit é um restaurante de menu variado que serve pratos rápidos: saladas, sanduíches, coquetéis e sucos. Lá estava no cardápio o suco *rose paradis*. A boa notícia é que na Europa as coisas não mudam tão rápido quanto aqui e a receita continua no menu. Portanto, se for a Paris, não deixe de tomar o original.

- 1 banana
- 12 morangos
- Suco de 2 laranjas
- Suco de ½ limão siciliano

Dica: Dá para fazer com qualquer outro limão, mas o siciliano dá um toque especial.

Palavra da nutricionista Todo mundo sabe que limão e laranja são fontes de vitamina C. Mas você já ouviu falar em limonoide? Esta substância presente nas duas frutas tem propriedades antioxidantes e antifúngicas que ajudam a reduzir o risco de micoses, dermatites, herpes e afta.

Alguns estudos mostram que os compostos encontrados no limão siciliano são interessantes para a melhora de sintomas relacionados à gastrite e ao refluxo, devido ao poder neutralizador do ácido clorídrico.

A banana, além de deixar o suco com sabor mais adocicado, contém minerais, como cálcio, ferro, potássio, fósforo e vitaminas A, B1, B2, B3 e C. A adição do morango enriquece o suco com compostos benéficos para a saúde intestinal, bem como dos cabelos, da pele e das unhas.

Only in America

Nos Estados Unidos têm de tudo, né? Tapa-pipi para não ser atingida por um esguicho de xixi na hora da troca de fraldas, máquina para aquecer lencinhos umedecidos e uma bugiganga que eu acho sensacional: os *high heelers* – uns cubinhos de plástico para colocar no salto agulha. A propaganda do produto apela: "Never sink again" (Nunca mais afunde de novo). Com esses cubinhos é possível andar de salto alto na grama, na areia e até em rua de paralelepípedos.

Assim como muitos brasileiros, fiz o enxoval do meu filho nos Estados Unidos, mas tudo isso é só para dizer que no hotel em que fiquei hospedada tinha uma incrível máquina de sucos! Uma centrífuga bem poderosa ao lado de vários ingredientes limpinhos e cortadinhos para facilitar a vida. Eis a mistura do meu café da manhã:

- 1 fatia de melão
- 1 rodela de abacaxi
- 1 maçã verde
- Gengibre a gosto
- Suco de ½ limão
- 4 folhas de hortelã

Palavra da nutricionista O melão, fruta rica em potássio, é considerado diurético – diminui a retenção de líquidos e facilita a eliminação de toxinas. O abacaxi e a hortelã deixam o suco mais refrescante e agem na estimulação gástrica, melhorando sintomas de má digestão. A adição da maçã agrega antioxidantes à mistura porque a fruta tem um flavonoide chamado quercetina. Já reparou no cheirinho da maçã? Toda fruta que exala bastante cheiro tem flavonoide! O gengibre e o limão contribuem para o perfil anti-inflamatório do suco.

Com tudo em cima

Batizei o suco com esse nome não só porque a receita leva colágeno, mas porque para fazê-lo é preciso estar com tudo em cima: a fruteira e a despensa. Se você "cabulou" o sacolão e o supermercado da semana, não vai conseguir provar esta delícia.

- 2 rodelas de abacaxi
- 1 kiwi
- 1 pera
- 1 maçã
- Suco de 1 laranja
- 1 colher (sobremesa) de gérmen de trigo
- 1 colher (chá) de colágeno hidrolisado sem sabor

Palavra da nutricionista Este suco também pode te deixar com tudo em cima! O gérmen de trigo é uma parte do grão que contém diversos nutrientes: proteínas, minerais e vitaminas E e do complexo B, além de carotenoides e flavonoides. Graças a essa composição, o gérmen pode contribuir para a redução de colesterol e para a manutenção da fertilidade. Ele também tem colina, uma substância que melhora a atividade cerebral e a performance cognitiva. Importante: o gérmen de trigo não tem glúten.

O colágeno hidrolisado traz benefícios para pele, unhas, ossos, cartilagens e articulações. O abacaxi, com seus minerais, vitaminas e fibras, melhora a digestão, o sistema imunológico e a eliminação do excesso de líquidos e toxinas. O kiwi também tem fibras, além de potássio, vitaminas C, E, K e B9, nutrientes que nos protegem de doenças causadas pelos radicais livres. Essa frutinha é uma das mais ricas em clorofila, um pigmento vegetal que também é antioxidante!

A pera, além de saborosa, também possui nutrientes que combatem os radicais livres e a proliferação de bactérias. A maçã contém ótima quantidade de vitaminas, minerais, fibras e fitoquímicos, como quercetina, epicatequinas e ácido cumárico. Os nomes podem ser complicados, mas o importante é saber que essas substâncias reduzem o risco de doenças do coração, câncer e diabetes. A laranja é uma fruta cítrica rica em vitamina C, potássio e fibras, contribuindo assim para o bom funcionamento dos músculos e do intestino.

LITER

Combinação perigosa

Uva com mexerica. Que gosto tem? Esta receita saiu num dia em que eu estava com preguiça de descascar uma laranja ou um abacaxi e avistei uma mexerica poncã na fruteira. Peguei a garrafa de suco de uva integral, os gomos da poncã e bati com um pouco de hortelã e gengibre, que sempre tenho lavadinhos na geladeira. Quer saber como ficou? Experimente!

- 150 ml de suco de uva integral
- 1 mexerica poncã
- 2 folhas de hortelã
- 2 lascas de gengibre

Palavra da nutricionista Já vimos que o resveratrol presente no suco de uva integral ajuda a reduzir o risco de doenças cardiovasculares, mas faltou falar que essa substância tem poder antiproliferativo, ou seja, diminui a chance de proliferação de células cancerígenas.

Estudos mostram que a mexerica protege os rins e também pode estar relacionada à redução da incidência de doenças do coração, como infarto agudo do miocárdio. A adição de hortelã confere ao suco propriedades que ajudam na digestão e no combate aos fungos. O gengibre tem um composto bioativo chamado gingerol, que reforça o efeito anti-inflamatório da mistura.

Dragon juice

Virei fã de pitaia na viagem que fiz a Tailândia. Lá eles chamam a fruta de *dragon fruit*, por causa da casca que parece um dragão. Aqui a pitaia é muito cara, mas de vez em quando vale a extravagância. A fruta é linda. A vermelha, especialmente, tem uma cor incrível!

- 1 pitaia
- 1 colher (sopa) de aveia
- Gelo

Palavra da nutricionista A pitaia é uma fruta exótica nativa do México que possui ação antioxidante e ajuda a diminuir o risco de proliferação de células cancerígenas. Nas sementes são encontrados ácidos graxos poli-insaturados (ômega-3, 6 e 7) – gordura do bem que ajuda no controle do colesterol e na saúde do cérebro. A aveia diminui o índice glicêmico do suco, fazendo com o que o açúcar das frutas seja liberado de maneira mais lenta no sangue. Isso reduz a necessidade de o pâncreas produzir insulina e, consequentemente, traz menos riscos de diabetes. As fibras garantem mais saciedade, o que pode ajudar na perda de peso.

Aposte na romã

Tem gente que diz que comer romã no Ano-Novo atrai dinheiro. Eu prefiro comer romã o ano inteiro! Ou melhor, sempre que acho no sacolão. Normalmente uso a fruta na salada: abro e coloco por cima das folhas ou faço um molho batido com azeite, vinagre, sal e pimenta. Mas a romã também funciona nos sucos: dá um toque superespecial e dizem que faz bem para um monte de coisas. Será mesmo, Andreia?

- 1 romã
- 2 rodelas de abacaxi
- 1 polpa de acerola
- 8 morangos
- 1 colher (sopa) de amaranto em flocos

Palavra da nutricionista A romã realmente tem muitas qualidades! Além de deliciosa, contém ferro, cálcio, potássio, magnésio, manganês, selênio, zinco e compostos com atividade antioxidante, anti-inflamatória e antimicrobiana. Com essas propriedades, a romã traz benefícios para a prevenção de aterosclerose, hipertensão, diabetes e alguns tipos de câncer, como o de boca, de próstata, de pele, de mamas, de pulmão e de cólon. A acerola e o morango, riquíssimos em vitamina C, transformam o suco em uma mistura com alto poder antioxidante.

Hummm! Este vale o café da manhã

Este suco foi uma daquelas invencionices que eu adoro fazer. Fui juntando um monte de coisas e ficou ótimo! Quando postei a receita, um dos meus seguidores perguntou: "Mas você tem tudo isso de fruta na fruteira???".

- 1 pera
- 1 maçã verde
- 1 fatia de melão
- 1 polpa de acerola
- 8 cerejas
- 2 polpas de mirtilo (*blueberry*)
- 1 folha de couve
- 1 colher (sopa) de chia

Palavra da nutricionista Este é um supersuco que pode melhorar o funcionamento do sistema imunológico, a saúde do fígado, da pele, dos ossos e ainda te dar uma noite tranquila de sono!

A pera e a maçã entram com fibras, que aumentam a saciedade, e outros nutrientes que são antioxidantes poderosos. O refrescante melão é fonte de vitamina A e potássio. A acerola tem muita vitamina C. As frutas vermelhas, como a cereja e o mirtilo, também são importantes aliados no combate aos radicais livres. Sem contar que a cereja, de todas as frutas vermelhas, é a que mais tem substâncias capazes de ajudar na formação da melatonina, o hormônio do sono! A tudo isso se junta a chia, fonte de fibras, proteínas, vitaminas, minerais e compostos bioativos (outras substâncias que também fazem bem à saúde). Sem falar da couve, que é um vegetal cheio de cálcio, fibras, vitaminas C, A e K.

Temperinho bom

Meus sucos não saem apenas da fruteira. Sempre busco nas prateleiras da despensa outros ingredientes, como chia, amaranto, quinoa, maca peruana e biomassa de banana verde. Um dia pensei: por que não dar uma olhadinha também nos potinhos de tempero?

- 100 ml de água
- Suco de 2 laranjas
- ½ pera
- ½ maçã
- 1 pitada de cúrcuma

Palavra da nutricionista A cúrcuma potencializa os efeitos benéficos da laranja, da maçã e da pera. O principal composto ativo dessa especiaria é a curcumina, que tem importante efeito anti-inflamatório e antioxidante. Isso pode diminuir o risco de todas as doenças crônicas não transmissíveis: diabetes, obesidade, infarto, hipertensão etc.

Desafio ao paladar

Agora que já experimentou de tudo, talvez você esteja pronto para algo mais forte! Quando postei esses sucos no Instagram, apareceram os comentários: "Eca", "Aff", "Esse suco não está nada apetitoso", "Eita, que mistureba". As misturas podem até parecer intragáveis, mas, se fechar os olhos e, quem sabe, coar, talvez possa curtir. Tente e me conte!

Mistura que dá medo 1

- 1 folha de couve
- 1 fatia de melão
- 2 rodelas de abacaxi
- 1 colher (sopa) de maca peruana
- 1 colher (sopa) de chia
- 1 colher (chá) de farinha de banana verde ou biomassa de banana verde

Palavra da nutricionista A maca é uma planta crucífera tradicional do Peru que tem como principal função a modulação dos hormônios sexuais. Algumas evidências mostram que ela melhora a libido, tanto em homens quanto em mulheres, e ainda ajuda na fertilidade, porque aumenta a motilidade dos espermatozoides. Outros estudos indicam que pode combater alguns sintomas da menopausa. A biomassa de banana verde é interessante para quem tem problemas gastrointestinais, pois fornece ao suco ação prebiótica e digestiva.

Mistura que dá medo 2

- 1 polpa de morango
- 1 polpa de mirtilo (*blueberry*)
- 1 polpa de amora
- 1 folha de couve
- 3 folhas de agrião
- 1 figo
- 1 colher (chá) de cacau em pó
- 1 colher (sopa) de chia
- 3 folhas de manjericão
- 4 folhas de hortelã
- gelo a gosto

Palavra da nutricionista Quer uma pele bonita, ossos e músculos fortes, intestino e cérebro funcionando direitinho e ainda uma agradável sensação de bem-estar? Inclua este suco na dieta!

O morango, o mirtilo e a amora fornecem vitaminas A e C, e substâncias ativas, como os flavonoides e proantocianidinas. Esses componentes têm poderosa capacidade antioxidante, protegendo os órgãos e as células contra os efeitos maléficos do excesso de radicais livres: envelhecimento precoce, câncer, doenças cardiovasculares e cerebrais.

A couve e o agrião são folhas verde-escuras ricas em vitaminas A e C, fibras e minerais, como cálcio, ferro e magnésio. O consumo dessas folhas também ajuda no combate dos radicais livres, dá mais força ao nosso sistema imunológico e garante melhor saúde óssea. Outro alimento que faz bem para os ossos e os músculos é o figo, por conter cálcio e potássio.

O cacau, fruto que dá origem ao chocolate, é uma excelente fonte de compostos bioativos antioxidantes, como os flavonoides, que, por neutralizarem o excesso de radicais livres, reparam e protegem as células, reduzindo os riscos de doenças cardiovasculares, neurológicas e câncer, por exemplo. O cacau contém ainda triptofano, um aminoácido importante para a formação de serotonina, um neurotransmissor relacionado com a sensação de prazer e bem-estar.

A chia contém ótima quantidade de ômega-3, a gordura do bem, importante para a saúde do cérebro. As sementes também aumentam a quantidade de fibras no suco, auxiliando o funcionamento do intestino.

A hortelã é uma planta que possui fitoquímicos – substâncias químicas de origem vegetal capazes de melhorar nossa digestão –, e o manjericão dá sabor, aroma e confere ao suco ação expectorante que pode melhorar a tosse.

Gororoba

Roubei o título de um seguidor do Instagram que assim batizou "carinhosamente" esta receita. Por que será?

- 1 folha de couve
- 1 banana
- Suco de 2 laranjas
- 10 morangos
- Suco de ½ limão
- 1 colher (sopa) de chia
- 1 pitada de canela

Palavra da nutricionista As frutas presentes neste suco fornecem nutrientes e compostos bioativos importantes para o funcionamento de nosso organismo. A banana, o limão, a laranja e o morango enriquecem a bebida com cálcio, ferro, potássio, fósforo, vitamina A e outras substâncias antioxidantes.

A couve traz mais cálcio, fibras, vitaminas A, C e K à mistura. E a chia contribui com fibras e gorduras de boa qualidade. Como toque final, a canela reduz inflamações e também contribui para a saúde intestinal, para o controle do colesterol e da glicemia e para a redução do risco de doenças cardiovasculares e neuropatias, as doenças do sistema nervoso.

fl oz.
1.5
0.9
0.7
0.5

Gororoba com 2 Gs

Esta outra "gororoba" leva gengibre e gergelim. A cor fica estranha, mas, afinal, o mundo não prega o fim dos preconceitos?

- 4 fatias de manga
- ½ maçã
- 100 ml de suco de uva integral
- Gengibre a gosto
- 1 colher (sopa) de gergelim
- 1 folha de couve
- 2 folhas de rúcula

Palavra da nutricionista Este suco pode ajudar no combate à tensão pré-menstrual, a famosa TPM! Alguns estudos mostram que o gergelim pode ser interessante na modulação hormonal, em sintomas relacionados com a menopausa e a tensão pré-menstrual. Além de tais propriedades, é uma excelente fonte de cálcio, que favorece a saúde óssea.

Suco detox: detona as toxinas

Pizza, cervejinha, pastel de feira, coxinha. Antigamente, quando a gente chutava o pau da barraca, ouvia sempre o conselho: "Por que não faz uma dieta líquida durante uma semana pra desintoxicar?". As mais entendidas completavam: "Dá uma bela murchada".

Nunca consegui fazer um dia sequer de dieta líquida, quanto mais uma semana! Ainda bem que hoje existe o suco detox. Ou melhor: vários sucos detox! É só escolher o que mais lhe apetece, tomar pela manhã e depois comer normalmente (claro, sem as pizzas, as coxinhas, o pastel etc...). Como será que o suco detox funciona, hein Andreia?

Suco detox 1

- 2 rodelas de abacaxi
- 100 ml de água de coco
- 1 folha de couve
- Suco de 1 limão siciliano
- 5 folhas de hortelã
- Gengibre a gosto

Suco detox 2

- Suco de 2 limões
- 1 maçã verde
- 1 cenoura
- 1 folha de couve
- ½ pepino
- 1 folha de brócolis
- Gengibre a gosto
- 2 pedras de gelo

Suco detox 3

- 200 ml de suco de uva integral
- 1 folha de couve
- ½ maçã
- 1 colher (chá) de farinha de linhaça

Palavra da nutricionista Os sucos detox ajudam em um processo natural conhecido como detoxificação, que acontece principalmente no fígado e é muito importante por metabolizar (ajudar a processar) medicamentos e toxinas que precisam ser eliminados. Para que esse processo ocorra de modo saudável são necessários alguns nutrientes e compostos bioativos presentes nas frutas e verduras usadas nos sucos detox. É importante salientar que em todos os sucos detox temos a presença da couve, um tipo de brássica rica em glicosinalatos e isoticianatos – substâncias com alto poder antioxidante e detoxificante.

AGRADECIMENTOS

Ao meu marido, André, que depois de observar por alguns dias a minha luta para misturar ingredientes no velho liquidificador da família, apareceu em casa com o modelo mais potente do mercado!

Ao meu filho, Miguel, que cooperou com muitas sonecas durante a minha licença-maternidade. Foi nos intervalos das mamadas e durante essas sonecas que eu escrevi este livro.

À Andreia Naves, que não titubeou ao aceitar meu convite para dar embasamento técnico às minhas receitas meramente criativas.

À Rede Globo, que me deu a oportunidade de participar da criação e da apresentação de um programa incrível como o *Bem Estar*.

Ao meu querido maquiador, Omar de Lucca, o Mucca, que sempre faz milagres!

À Juliana Affonso Ferreira e à marca Isolda.

A todos os meus seguidores do Instagram e do Twitter – grandes encorajadores das minhas maluquices no liquidificador.

À minha vizinha de porta, que nunca reclamou do barulho do liquidificador às 5:20 horas da madrugada.

A AUTORA

Meu nome é Mariana Ferrão D'Acosta, sou filha da brasileira Beatriz e do mexicano Jorge. O melhor presente que eles me deram foi o meu irmão, Rafael.

Escrever me comove, relaxa, empolga e fascina. E sempre foi assim – desde os tempos de colégio – quando decidi que seria jornalista. Acho que a culpa é do meu pai, um engenheiro-poeta que escreve coisas lindíssimas e que lia histórias todas as noites antes de a gente dormir.

Ele também foi o responsável por eu ter conseguido uma vaga de estágio na Rede Globo, em 2000. Na época, eu cursava o último ano de jornalismo na PUC-SP e foi meu pai quem fez minha inscrição no concurso.

Depois de um ano intenso como estagiária, fui para a Rádio Bandeirantes, onde descobri minha paixão pelo "factual" – as grandes e inesperadas coberturas. Foi lá também que conheci o amor da minha vida, que antes de se tornar meu marido, já era um grande amigo, o André. Nos casamos em 2006, quando eu já era apresentadora do *Jornal da Band*, ao lado de Ricardo Boechat e do saudoso Joelmir Beting.

Em 2008, voltei a trabalhar na Globo como repórter. Muita gente achou que eu era louca de trocar a bancada pelas reportagens de rua. Mas graças a essa escolha, um dia poderei contar muitas histórias para os meus netos. Vou contar que voei de caça e ultrapassei a barreira do som, na Suécia. Quero que eles ouçam também a história da Tati, que viu a mãe pela primeira vez aos dez anos depois de ser operada de catarata em plena floresta Amazônica. Quando abriu os olhos, ela disse que a mãe era linda.

A minha mãe também era linda, por dentro e por fora. E antes de contar tudo isso aos meus netos quero ser uma mãe tão boa quanto ela para o meu filhote, Miguel.